PIE IX LE GRAND.

PAR L'ABBÉ HOVINE

Auteur des poèmes : *Pie IX, ses gloires, ses épreuves, ses trois jubilés,*
et *le Juste et l'Impie*, etc.,

Membre honoraire de la Société Littéraire de l'Université Catholique de Louvain.

Euge, serve bone et fidelis, intra in gaudium Domini tui!

PIE IX LE GRAND.

PAR L'ABBÉ HOVINE

Auteur des poèmes : *Pie IX, ses gloires, ses épreuves, ses trois jubilés,*
et le Juste et l'Impie, etc.,

Membre honoraire de la Société Littéraire de l'Université Catholique de Louvain.

Euge, serve bone et fidelis, intra in gaudium Domini tui!

IMPRIMATUR

Brugis, 3 decembris,
in festo sancti Francisci Xaverii, 1878.

P. F. BYLO, LIBR. CENS.

A SA SAINTETÉ LÉON XIII

TRÈS SAINT PÈRE,

Permettez à un humble curé de cette Belgique que vous aimez, de vous offrir les poèmes intitulés : *Pie IX, ses gloires, ses épreuves, ses trois jubilés*, que l'auteur a été heureux de présenter lui-même à votre illustre prédécesseur, à l'occasion de l'anniversaire de la cinquantième année de sa consécration épiscopale.

Les motifs qui l'engagent à adresser son travail à Votre Sainteté, le Père de nos âmes, c'est sa profonde vénération pour la plus haute dignité du monde, c'est le désir qu'il a de reporter à Léon XIII les sentiments d'amour filial et de reconnaissance qu'il a constamment témoignés à Sa Sainteté Pie IX, de sainte et immortelle mémoire.

Daignez, très saint Père, agréer avec votre bonté ordinaire ce faible hommage, et souffrez que, humblement prosterné, le dépose à vos pieds, en demandant avec instance la bénédiction apostolique, celui qui se dit avec bonheur,

Très saint Père,

De Votre Sainteté

le très humble, très obéissant et très dévoué

serviteur et fils,

A. HOVINE,

Curé du diocèse de Bruges.

Bas Warneton, le 30 avril 1878.

Pour le Rév. M. Hovine
Curé de Bas-Warneton.

ILLUSTRISSIME ET RÉVÉRENDISSIME SEIGNEUR,

Peu de jours à peine s'étaient écoulés depuis l'exaltation de Notre Saint-Père le Pape Léon XIII à la chaire de Saint-Pierre, qu'une foule innombrable de lettres, d'adresses, et de respectueux hommages commencèrent à affluer vers Sa Sainteté, non-seulement de l'Italie mais encoré de presque tous les diocèses et pays de l'univers. Prélats, chapitres métropolitains, chapitres de cathédrales, instituts religieux de toutes espèces, associations de charité et de bienfaisance, corps littéraires et scientifiques, illustrations tant ecclésiastiques que civiles, tous à l'envi s'empressèrent d'envoyer par le télégraphe ou par les voies ordinaires, les félicitations les plus sincères unies aux plus touchantes protestations de filial et profond attachement au nouveau Pontife. Ces adresses, témoignage éloquent de l'esprit d'unité et de concorde qui anime l'Eglise de Dieu, respirent un sentiment de douleur unanime causé par la situation faite au Père commun des fidèles, en même temps qu'elles Lui transmettent des vœux et des espérances, souvent même de pieuses et généreuses offrandes destinées à venir en aide au Saint-Siège dans les circonstances critiques où il se trouve depuis plusieurs années.

Votre Excellence se rend aisément compte de l'impression qu'ont produite sur le Saint-Père ces démonstrations d'amour filial. Déjà consolé dès les premiers instants de son avènement au trône pontifical par la démarche aussi spontanée qu'imposante de son bien-aimé peuple de Rome, il lui a été donné de voir se reproduire d'une manière extraordinaire et merveilleuse, et se développer de jour en jour comme par enchantement ce sentiment universel de respect et d'amour, qui avait accompagné jusqu'à la tombe Sa Sainteté Pie IX, de glorieuse mémoire, et avait fait toujours l'admiration et l'étonnement non-seulement du peuple chrétien, mais des ennemis même de l'Eglise et du Pontificat romain.

Plein de reconnaissance pour tant d'éclatantes preuves d'amour et de dévouement que lui prodigue son cher troupeau, le Souverain-

Pontife aurait vivement désiré pouvoir remercier par des paroles de gratitude et de paternelle affection chacun des signataires des lettres et adresses qui lui sont parvenues à cette fin. Mais leur abondance non moins que les occupations multiples inséparables des débuts d'un Pontificat, surtout au milieu de difficultés et d'embarras de jour en jour plus nombreux et plus pénibles, Lui auraient difficilement permis de réaliser cette généreuse pensée avec la promptitude que des fils aussi dévoués devaient attendre avec impatience de la bonté du plus tendre des Pères.

Dans l'impossibilité où Elle s'est trouvée et se trouve encore d'accomplir directement et personnellement ce paternel devoir, qui lui eût été bien doux à remplir, Sa Sainteté désire s'en acquitter au moins indirectement.

Elle m'a, en conséquence, ordonné de m'adresser à Votre Excellence et de l'inviter à se servir du moyen qui lui semblera le plus opportun pour mettre au jour les sentiments de vive satisfaction que Lui ont laissés les démonstrations si cordiales reçues soit collectivement soit individuellement de la part des ecclésiastiques et des laïques de Belgique et de manifester en même temps la paternelle gratitude à laquelle ont droit les auteurs de ces félicitations et de ces envois.

Le Saint-Père a l'espoir que la foi et la piété de ses fils trouveront dans cette expression de son amour pour eux tout le confort et la consolation qu'ils attendaient ; ils la trouveront beaucoup plus encore dans les bénédictions abondantes que du fond de son cœur il envoie à chacun d'eux en particulier, à tous les diocèses auxquels ils appartiennent, implorant de Dieu que cette bénédiction abrège les épreuves de l'Eglise et donne force aux supplications et aux vœux des catholiques en faveur de la liberté et de la sécurité de leur Père et Pasteur.

M'étant acquitté des ordres du Saint-Père, il ne me reste qu'à vous renouveler l'expression de ma considération la plus distinguée.

Rome, le 24 juin 1878.

A. CARD. FRANCHI.

A Son Excellence
Mgr l'Archevêque de Nicée
Nonce Apostolique à
Bruxelles.

locus sigilli.

S., Archevêque de Nicée, right-aligned date at top.

Bruxelles, le 14 juin 1877.

Monsieur le Curé,

Avec votre lettre en date du 13 courant, je viens de recevoir l'exemplaire que vous avez bien voulu m'envoyer de vos poèmes *les Gloires, les épreuves et les trois jubilés de Pie IX.*

Ce gracieux envoi m'a fait beaucoup de plaisir, et, tout en ayant l'intention de lire bientôt votre intéressant travail, je ne veux pas tarder de vous offrir, avec mes félicitations, l'expression de ma sincère reconnaissance.

Veuillez agréer, Monsieur le Curé, l'assurance de mes sentiments bien dévoués.

S., Archevêque de Nicée,
Nonce apostolique.

SANCTISSIMO DOMINO NOSTRO

LEONI DECIMO TERTIO

HOC OPUSCULUM

D. D. D.

AUCTOR

A. J. HOVINE Pastor

DIŒCESEOS BRUGENSIS

(IN BELGIO)

Pie IX le Grand.

Oui ! ce nom est toujours sur nos lèvres brûlantes ;
Nom béni, le plus grand parmi tous les grands noms.
Des méchants poursuivi par les haines ardentes,
Il est jusques aux cieux exalté par les bons.

Oh ! combien nous l'aimions, ce Pontife, ce Père,
En qui battait un cœur, un cœur noble et divin
Empreint du haut cachet d'un sacré caractère,
Que l'Eternel marqua de sa puissante main.

Crux de Cruce, martyr, par tes croix glorieuses,
Tes épreuves sans nom, ton long pontificat,
Tu fus le grand héros de ces fêtes pompeuses,
Où l'univers entier redit son hosanna (1).

Quoi ! des fêtes toujours, des fêtes incessantes,
Quand des fléaux sans nombre inondent l'univers ?
Quand un sombre avenir, des guerres imminentes
Font ricaner Satan au fond des noirs enfers ?

(1) Fêtes de l'avènement au trône pontifical, fêtes de la rentrée glorieuse après l'exil de Gaëte, fêtes du voyage triomphal à travers les Etats pontificaux, fêtes de la proclamation du dogme de l'Immaculée Conception, fêtes de la canonisation des martyrs du Japon, fêtes du centenaire de saint Pierre, jubilé de l'année sainte, jubilé de cinquante ans de sacerdoce, jubilé de cinquante ans d'épiscopat, jubilé d'un quart de siècle de souverain pontificat, jubilé de la première communion ; et voici que le monde apprêtait de nouvelles fêtes pour acclamer Pie IX ayant dépassé les années de Pierre à Rome, et atteignant les années réunies de Pierre à Rome et de Pierre à Antioche.

Quoi ! des fêtes, quand rien ne tient dans ce bas monde,
Quand la société souffre sous nos regards,
Quand les peuples, plongés en une nuit profonde,
Dans l'erreur et le crime errent de toutes parts ?

Quand la confusion de la nuit anarchique
Règne ; quand des forfaits monte et grossit le cours,
Quand on entend l'écho d'un cri diabolique,
Vomir des flots impurs, d'avilissants discours ?

Des fêtes, quand, captif, le successeur de Pierre,
Gémit depuis huit ans au fond d'une prison ?
Des fêtes, quand le prêtre avec l'Eglise entière
Souffre, dans tous les lieux, la persécution ?

Quoi ! des fêtes, quand est frappé le catholique,
Alors que tout un peuple, en haine de la foi,
Est traité de *vermine* et de *lèpre* publique,
Quand il veut obéir à la divine loi ?

Quoi ! des fêtes, alors qu'on ne sait point, la veille,
Ce que le monde entier pourrait être demain ?
Quand chacun plein d'effroi se dit quand il s'éveille :
Compterons-nous encore un heureux lendemain ?

Ah ! que sont les douleurs, les peines de la terre ?
Les militantes croix sont nos grands étendards.
N'est-elle pas, la Croix, notre arme salutaire ?
Son triomphe assuré fixe tous les regards (1).

(1) Voyageurs depuis dix-huit siècles sur cette terre, ne nous troublons pas de si peu ; mais le crucifix sur la poitrine, prions et combattons. Prions et combattons ; la vie entière de Pie IX est dans ces mots : à toutes les occasions solennelles, dans toutes les audiences publiques et privées, lorsqu'il parlait à ses enfants ou qu'il s'adressait à la foule de pèlerins pressés au pied de son trône, une de ses allocutions d'une éloquence sublime où il paraissait comme tout transfiguré, c'était toujours la prière et le combat qui faisaient le fond de son discours. Eh bien ! ne nous contentons pas de louer Pie IX, imitons-le et gardons sa parole.

Ah ! voilà la raison de nos chants de victoire,
Et pourquoi nous louons sans cesse le Seigneur.
D'un élan spontané nous dirons à sa gloire
Des hymnes solennels, des cris en son honneur!

Livrons-nous en ce jour à la sainte allégresse;
Elevons, et nos cœurs, et nos mains, et nos yeux
Vers la sainte Sion; bannissons la tristesse,
Acclamons, exaltons Pie IX jusques aux cieux!

Nos fêtes ont brisé les portes infernales (1);
Nous avons entendu les suppôts de Satan
Se dire entre eux tout bas en leurs frayeurs fatales :
« Quel spectacle sublime! Oh! que Pie IX est grand!

» Quelle est leur espérance?... » Ah! leur ferme espérance
N'est ni dans leurs engins, leurs chars ou leurs coursiers :
Elle est uniquement dans la toute-puissance
Du nom de l'Eternel, qui se rit des guerriers....

Et pourtant aujourd'hui, nous répandons des larmes.
Et nous portons le deuil.... Hélas! Pie IX n'est plus :
Emporté par la mort, il passa sans alarmes
En la sainte Cité, dans le sein des élus.

Nos yeux pour retrouver ce Pontife, cet ange,
Doivent fixer son trône et quitter ce vallon,
Pour le chercher là haut dans la sainte phalange,
Et ne plus s'arrêter au terrestre sillon.

Ce n'est pas sur Pie IX que nous versons des larmes;
L'Arbitre des humains ne nous reproche pas
Le douloureux motif qui cause nos alarmes,
Ni notre vive ardeur à marcher sur ses pas.

(1) *Non prævalebunt.*

Oui, notre perte est grande, irréparable, immense.
Du Saint-Père imitons la résignation ;
Mais nous devons nous faire extrême violence
Pour dire comme Job sans trop d'affliction :

« Dieu nous avait donné ce bon, ce tendre père ;
» Dans sa haute sagesse il vint nous le ravir ;
» Désormais consacrons notre existence entière
» A louer son saint Nom, à toujours le bénir. »

Ah! depuis quelques mois déjà la Providence
Nous faisait entrevoir cette calamité....
Ses enfants repoussaient la fatale échéance :
Leur père était encor si brillant de santé.

On aimait d'écarter cette pensée amère
Que Pie IX quitterait bientôt notre séjour ;
L'univers tout entier redoubla sa prière,
Au Ciel fit violence en ses transports d'amour.

Les prélats à genoux avec la cour romaine,
En entourant son lit, priaient en sanglotant ;
Mais Pie IX, au-dessus de la faiblesse humaine,
En souriant leur dit, d'un ton doux et touchant :

« J'ai fait et j'ai fini ce que j'avais à faire ;
» Le sage et pieux Pecci sera mon successeur ;
» Son savoir, ses vertus, son sacré caractère
» Dirigeront vos pas au sentier du bonheur.

» Quoi! vous empêcheriez ma douce délivrance? (1),
» Vouloir me retenir lorsque je vois le Ciel !

(1) Dieu était si content de son serviteur, qu'il ne voulait plus pro-
longer les jours de l'exil alors que le serviteur lui-même disait tout
bas : « Je désire ardemment être délié et habiter avec Jésus-Christ. »

» Je vais au Paradis (1), j'en ai la confiance,
» Pour chanter devant Dieu le cantique éternel (2). »

On craignait qu'à la mort du Pontife suprême
Ne surgissent encor de graves embarras,
Et qu'au futur Conclave un traître Italien même
Osât anéantir le vote des prélats.

Mais la fin du Saint-Père est venue à son heure,
Et le trépas subit du malheureux Victor
Vint tromper les calculs et déjouer le leurre
Que depuis vingt-cinq ans on caressait encor.

L'Europe tout entière et les grandes puissances,
Toutes ont le regard fixé vers l'Orient,
Où le sang coule à flots.... Ces rares occurrences
Hâtèrent aussitôt l'heureux avènement.

La pourpre des Prélats de la Chaire de Pierre
Proclament Léon XIII élu du Saint-Esprit
Au collège sacré, le Roi, Pontife, Père,
Successeur de Pie IX, représentant du Christ....

Tel, dans une oasis de la triste Arabie,
Un tendre agneau paissait. Un lion rugissant
Se fait entendre au loin dans la plaine fleurie,
S'élance tout d'un bond sur le faible innocent.

(1) *In domum Domini ibimus.* (Dernières paroles de Sa Sainteté.)
(2) C'est bien à un tel pontife qu'on peut appliquer ce beau passage
de la sainte Ecriture : « Il a été agréable au Seigneur ; il a été
trouvé parfait et juste ; il est devenu dans un temps de colère une
réconciliation, il a été aimé de Dieu et des hommes, et sa mémoire
est en bénédiction. Le Seigneur lui a donné une gloire égale à celle
des saints, et il l'a rendu grand et redoutable à ses ennemis ; il lui
a donné ses préceptes devant tout son peuple, et la loi de vie et de
science, afin qu'il apprît son alliance à Jacob et ses ordonnances à
Israël. »

Mais du fond du désert un autre roi s'élance
Pour lui ravir sa proie ; et s'entre-regardant,
Se mesurent soudain, quand l'un des deux s'avance
Et se jette sur lui, furieux, l'œil ardent.

Et l'agneau, sain et sauf, sautillant broutait l'herbe,
Non loin des deux lions rugissant de fureur :
Ces fougueux animaux c'est le monde superbe,
L'Eglise catholique est l'agneau sans terreur.

Le monde est divisé, l'Eglise seule est une ;
Le grand apôtre Pierre en est le fondement.
Cette belle unité, jamais plus opportune,
Jamais n'apparut mieux qu'à cet heureux moment.

Union des prélats avec leur chef suprême,
Union des chrétiens avec leurs chers pasteurs,
Le schisme déplorable, autrefois mal extrême,
De nous n'est plus connu, tant sont unis les cœurs.

Grâce à cette unité qui fait toute sa force,
L'Eglise est à l'abri des mortelles frayeurs,
Conduite par ses chefs affrontant le divorce,
Elle est calme et tranquille au milieu des fureurs....

On lit, au premier chant du poème d'Homère,
Que le prêtre Chrysès, outragé dans ses droits,
Vint au chef de l'armée adresser sa prière :
« Au nom des dieux, dit-il, respect aux saintes lois. »

Achille lui répond d'une voix brusque, altière :
« Ta fille est mon esclave et captive est l'enfant (1). »
Le grand-prêtre s'éloigne en proie à sa misère,
Et la plage gémit d'un cri retentissant.

(1) Tel est le langage que tiennent aujourd'hui les fiers apôtres du
sécularisme à outrance. Ce qu'ils veulent, c'est l'Eglise de Dieu esclave
dans l'Etat omnipotent ; c'est le Pape non-seulement leur humble sujet,
mais même captif.

Il invoque du Ciel la terrible vengeance.
Apollon l'entendit. Plein d'un sombre courroux
Il banda l'arc d'argent et la flèche qu'il lance
Porta, durant neuf jours, d'inévitables coups.

Le dieu vengeait l'injure adressée à son prêtre.
Tout un peuple tombait frappé mortellement.
Cette grande épopée au monde fait connaître
Que l'impie ici-bas reçoit son châtiment (1).

Ne l'avons-nous point vu pour notre grand Pontife?
Le Ciel ne s'est-il point déclaré son vengeur!
Nos Achille du jour, nos modernes Caïphe,
Ne sont-ils point tombés sous la main du Seigneur?

Du trône et de l'autel consommant le divorce,
Cavour, Napoléon, Victor et leurs agents,
Proclamant que le droit n'est rien près de la force,
Violèrent en Pie IX le droit sacré des gens.

Ils violèrent de Dieu le droit inviolable,
Usurpant des Etats par le Seigneur formés,
Et joignant à leur vol l'insulte impitoyable,
Du Pape ils plaisantaient les foudres désarmés.

Pie IX levait les yeux vers la montagne sainte,
D'où vient pour l'opprimé le secours, le soutien.
Le Seigneur se leva, l'épouvante, la crainte
Saisit ses ennemis, honte du nom chrétien.

(1) Si les païens ont si bien compris cette vérité, comment les chrétiens
pourraient-ils la méconnaître? M'autorisant de l'exemple de saint Augustin,
de saint Jérôme, de saint Bernard, de saint Paul lui-même, dois-je
m'excuser d'évoquer un souvenir païen? Sous cette vive image, n'est-il
pas aisé de reconnaître Pie IX, et le Seigneur-Dieu dont il est le
Pontife. Ce n'est pas un simple jeu de l'imagination. Ecoutez le Psalmiste :
« La terre s'est ébranlée parce que le Seigneur s'est irrité..., Il a
abaissé les cieux, il est descendu, il s'est assis sur les chérubins, il
a pris son vol sur l'aile des vents, il a tiré ses flèches, *misit sagittas*,
il a mis en déroute et renversé ses ennemis, du souffle de sa colère.

Cavour, l'instigateur du vol, du sacrilège,
Est frappé le premier par un terrible coup;
Contre le bras d'en haut il n'est rien qui protège :
Il tombe sans honneur, Pie IX reste debout.

Puis, semblable à ces traits de l'arc inévitable
Que le poète met en la main d'Apollon,
Un terrible fléau, la guerre lamentable
Dans le peuple français frappa Napoléon.

Durant neuf mois entiers, hélas! la pauvre France
Sous des bras ennemis vit tomber ses enfants.
On vit l'audacieux perdant toute espérance
A Sedan se livrer aux Germains triomphants.

Le Sarde épouvanté du sort de son complice
Que sans cesse agitaient la crainte et le remords,
Espérait du Très-Haut retarder la justice :
De même avant Pie IX il fut frappé de mort.

L'athlète s'écriait en entrant dans l'arène :
« Celui qui va mourir, te salue, ô César (1). »
Lorsque la mort brisa leur espérance vaine,
Des ennemis de Dieu s'est ouvert le regard.

En appelant le Christ à leurs couches funèbres,
N'ont-ils pas de Pie IX salué la grandeur ?
L'histoire qui voit clair au milieu des ténèbres,
Ecrira que Pie IX eut au Ciel un vengeur.

Pourquoi de Jéhovah cette juste colère ?
Parce que l'oint du Christ fut bravé, méconnu,
Pourquoi ces traits hardis contre notre doux Père ?
Parce que le méchant abhorre la vertu.

(1) *Morituri te salutant.*

†

Faut-il prier pour toi, Pontife magnanime,
Qui fus toujours du Christ le saint imitateur?
Et qui fis triompher l'amour, la foi sublime
Attirant tout à toi par ta ferme douceur.

Prêtre du Tout-Puissant, tu fus grand sur la terre,
Quand tes enseignements foudroyaient les erreurs,
Quand les enfants du Christ t'aimaient comme leur Père,
Quand tu vengeais tes droits contre tes oppresseurs.

Tu fus grand, quand tes fils admiraient ta clémence,
Déploraient ton exil, volaient à ton secours,
En brandissant le glaive et bouillant de vaillance
Ils défendaient leur Père et protégeaient ses jours.

Tu fus vraiment grand, quand ton auguste vieillesse
Inspirant le respect, l'estime à ton grand nom,
Expirait lentement d'amour et de tristesse
Au fond du Vatican devenu ta prison!

Noble et pieux martyr, au déclin de ta vie
Tu dus boire à longs traits la coupe du malheur,
Qu'il te fallut vider, vider jusqu'à la lie,
Pour ressembler au Christ, ton Maître et ton Sauveur.

Eh bien! que nul regret n'inquiète ta cendre,
Pontife vénérable, au cœur si bienfaisant;
Le bras puissant de Dieu saura bien nous défendre
Et vaincre et terrasser sous ses pieds le méchant.

Et, sous un nouveau Chef, armé des droits de Pierre,
Sur qui nous reportons nos amours, notre ardeur,
Nous presserons la croix, invincible bannière,
Dans nos bras triomphants et l'espoir dans le cœur!

Et toi, Pape immortel, tes vertus et ta gloire,
En traversant les temps et le siècle nouveau,
Brilleront sans nuage au soleil de l'histoire;
On lira tes hauts faits au pied de ton tombeau (1)!

Euge, serve bone et fidelis, intra in gaudium Domini tui!

J'ai vu les cieux ouverts; sous de vastes portiques,
Les anges se pressaient, des palmes à la main;
On les voyait rangés en phalanges mystiques,
En longs habits de neige, aux deux bords du chemin.

L'hosanna, frémissant sur leurs lèvres sacrées,
Emplissait tout au loin l'azur silencieux,
Et les mondes, au bruit des fêtes inspirées,
Se demandaient quel hôte on attend dans les cieux?

J'ai vu la triste terre à mes pieds étendue....
Elle versait des pleurs sur le fils qu'elle aima....
Telle, autrefois Rachel, éplorée, éperdue,
De lamentables cris fit retentir Rama,

Comme pour rappeler une image chérie
Avec de grands sanglots.... Au séjour des élus,
Ces fils, en le voyant voler vers la patrie,
L'arrêtaient,... mais Pie IX ne les écoutait plus....

Cet hôte qu'on attend dans la sainte Solime
Pour jouir du bonheur au sein de l'Eternel,

---

(1) Formons des vœux ardents pour que l'Eglise place bientôt sur les autels, si le monde en est digne, le grand Pontife qui a canonisé tant de saints et fait resplendir d'un nouvel éclat la Reine des saints, Marie Immaculée, notre Mère et la sienne.

C'est ce doux voyageur, ce pèlerin sublime
Que respectent les rois et les anges du Ciel.

A quoi bon le nommer quand tout redit sa gloire?
Les siècles ont crié : Pie IX, Pontife, Roi,
Et le méchant lui-même, honorant sa mémoire
Forcé par l'Esprit-Saint, a crié : Gloire à toi!

Quand Pie toucha le seuil de la céleste enceinte,
O Beauté souveraine, en te voyant soudain
Il s'arrêta, le cœur plein d'une extase sainte,
Voyant briller ton trône au milieu de l'Eden.

L'aurore a ses lueurs, sa pourpre étincelante;
Le soleil à midi jette l'ardent rayon,
Et le ciel étoilé sa poussière brillante
Sur l'ombre de la nuit, à travers l'horizon.

Mais que sont tous ces feux de notre sphère obscure
Près de cet océan qui coule au Paradis?
Près de cette lumière, incomparable et pure,
Que projette sans fin ses cercles agrandis.

Ils sont comme aux regards du laboureur qui passe
Ces nuages dorés quand le jour a décru;
De loin et dans la nuit, ils flottent dans l'espace
Lorsque l'astre brillant à l'œil a disparu.

O Soleil de justice, en qui le cœur espère!
O Rayon incréé, Pain vivant des mortels,
L'âme à te contempler, Verbe, splendeur du Père,
Comme l'encens, s'embrase au pied des saints autels.

Il voulut se mêler aux élus de son Maître,
Comme un humble étranger dans leurs rangs confondus;
Il voulut aux regards se perdre, disparaître,
Dérober sa grandeur et cacher ses vertus.

Mais l'éclat radieux qui brille sur sa tête
Le trahit aussitôt aux bienheureux surpris....
Ils tombent à ses pieds..... Et la foule muette
S'assemble autour de Pie aux célestes pourpris.

A leurs yeux rayonnants, où la tendresse éclate,
Il voit ses chers agneaux ivres du vrai bonheur.
A ce sublime aspect, son grand cœur se dilate,
Il les guida trente ans dans les champs du Seigneur.

Ces légions sans fin d'âmes transfigurées,
Dont son cœur paternel peupla les vastes cieux,
Son doux regard les voit aux demeures sacrées
A l'envi s'enivrer aux flots mystérieux.

Tel, jadis au Conclave au milieu de ses frères
Dix-sept fois il fut lu d'une modeste voix,
Et parmi tant de vœux et de désirs contraires,
Le nom dont l'Esprit-Saint voulait fixer le choix.

Et vos pleurs ont coulé.... De votre main tremblante
Tombèrent les billets, les larmes dans les yeux.
Tel, on le vit trembler et pâlir d'épouvante,
Etonné de sa gloire en la splendeur des cieux.

Mais déjà votre nom sur les harpes des anges
Vibrait dans le concert en accents tout divins,
Et tous les bienheureux exaltaient vos louanges
Mêlant leur voix sacrée au chœur des séraphins.

Gloire à lui ! s'écriait le peuple entier des justes.
Gloire à lui ! répétaient tous les saints confesseurs.
Gloire ! disaient encor tous les docteurs augustes,
Et ces voix résonnaient aux divines splendeurs.

Gloire à lui ! répétaient en agitant des palmes
Les martyrs, l'œil serein comme l'aube du jour.

Gloire à lui! redisait l'essaim des vierges calmes,
Dont les cœurs devant Dieu se consument d'amour.

Ainsi les cieux chantaient la bien venue, à l'heure
Où le peuple chrétien dans la nuit du dehors
Pousse des cris plaintifs, gémit encore et pleure
Sur le Pasteur quittant la région des morts.

Il est, au Paradis, un trône que les anges
Avec les bienheureux bordent incessamment;
Un trône sans pareil au-dessus des archanges
Que la gloire du Verbe étend infiniment.

Là, règne sur les cieux la chaste créature,
Le lis de pureté; là, rayonne et fleurit
Celle qui du péché n'eut jamais la souillure,
La Vierge incomparable, Epouse de l'Esprit.

Là, j'ai vu notre Père, ô peuple catholique,
A genoux prosterné, priant avec ferveur,
Joignant les mains, courbant son front apostolique,
Quand les saints imploraient la Mère du Sauveur,

En disant : « O Marie, ô Vierge tutélaire,
» Voici qui proclama de ta Conception
» A l'univers entier le sublime mystère;
» Voici qu'il va briller de la gloire en Sion. »

La Vierge s'est levée et descend de son trône,
Et pendant que le Ciel à sa voix applaudit,
Sur le front de Pie IX elle met la couronne,
Le regarde avec grâce et puis elle sourit....

Et comme un rayon d'or dans l'onde fraîche et pure,
Ainsi se refléta ce sourire béni,
Se communique au Ciel de figure en figure,
Comme un brillant soleil sur le cristal uni.

Et l'éther s'embrasa comme à l'heure où l'aurore,
Jetant ses premiers feux, empourpre l'Orient,
Inondant de clartés l'azur qu'elle dévore,
Répandant en tous lieux son flot étincelant.

Et tout cet infini de lumière et de flamme
Bientôt ne parut plus qu'un déluge de feu....
Devant ma vue éteinte, à l'œil troublé de l'âme
La vision expire.... O frères! Gloire à Dieu!!!

— Lille. Typ. J. Lefort. 1879. —

— Lille. Typ. J. Lefort. 1879. —

9 782019 272432